Sweet & Easy

ENIE BACKT

ENIE

Sweet & Easy
ENIE BACKT

Rezepte zum Fest für das ganze Jahr

EIN BUCH DER
EDITION MICHAEL FISCHER

Inhalt

Weihnachten

Ostern

Geburtstags- und Familienfeste

Feiertage und Partys

Schwierigkeitsgrade

leicht

machbar

kniffelig

Vorwort

Hallo ihr Lieben!

Ich finde ja, einen Grund zum Feiern gibt es immer: die Verlobungsfeier der besten Freundin, der Tag des Waffeleisens oder eben die klassischen Familienfeiern wie Weihnachten, Ostern und ganz einfach Geburtstage. Neben Geschenken und der tollen Zeit, die man mit den Lieblingsmenschen verbringt, steht für mich aber auf jeder Party natürlich das leibliche Wohl der Gäste im Vordergrund.

Und wie könnte man die Bäuche seiner Party-Gäste besser füllen, als mit leckeren Kuchen, Törtchen oder Plätzchen? Na, mit selbstgemachten Leckereien! Da weißt du schließlich ganz genau, was du kredenzt und dass es schmeckt. Denn natürlich steckt noch eine extra Portion Liebe mit drin.

In diesem Buch zeige ich dir, wie du große und kleine Köstlichkeiten zubereitest und so deine Gäste richtig verwöhnst. Vom kreativen Knopf-Plätzchen über lustige Osterküken oder die geeisten Cheesecake-Zylinder findest du zu jedem Anlass das ideale Rezept. Für jeden Geschmack – von der Naschkatze bis zum experimentierfreudigen Gourmet – ist etwas Passendes dabei. Wie wäre es z. B. mit Biskuit-Lollies für den Kindergeburtstag?

Aber Schluss mit dem Geschnatter! Ich will ja nicht zu viel verraten. Schnapp dir Schüssel und Schneebesen, Eier und Mehl und probiere es einfach aus.

Viel Spaß beim Naschen und Probieren wünscht deine

Weihnachten

Knopf-Plätzchen

FÜR KREATIVE WEIHNACHTSWICHTEL

ZUTATEN

Für ca. 60 Stück

Für den Teig
300 g Mehl
100 g Zucker
Salz
1 Ei
200 g kalte Butter
40 g Kakaopulver

Außerdem
Mehl für die Arbeitsfläche
Plätzchenausstecher in Knopfform
Puderzucker zum Bestäuben

SO GEHT'S

1. Das Mehl mit dem Zucker und 1 Prise Salz mischen und auf eine Arbeitsfläche häufeln. In die Mitte eine Mulde drücken, das Ei hineingeben und die Butter in kleinen Flöckchen um die Mulde herum verteilen.
2. Alles mit den Händen rasch zu einem glatten Teig verarbeiten. Den Teig halbieren und den Kakao unter eine Teighälfte kneten. Anschließend jede Teigportion zu einer Kugel formen, in Frischhaltefolie wickeln und für 30 Minuten in den Kühlschrank legen.
3. Inzwischen den Backofen auf 180 °C (Ober-/Unterhitze) vorheizen. Ein Backblech mit Backpapier belegen.
4. Die gekühlten Teigkugeln nacheinander auf einer dünn bemehlten Arbeitsfläche etwa 0,4 cm dick ausrollen. Mit einem Knopfausstecher verschieden große Knöpfe aus dem Teig schneiden.
5. Die Teigknöpfe auf das Backblech legen und im vorgeheizten Ofen etwa 10 Minuten backen. Teigreste zusammenkneten, ausrollen und weitere Knöpfe ausstechen.
6. Die fertigen Plätzchen aus dem Ofen nehmen, das Backpapier vom Blech ziehen und die Knöpfe auf einem Kuchengitter auskühlen lassen. Mit Puderzucker bestäuben und servieren.

Trüffel-Happen

QUADRATISCH, SCHOKOLADIG, GUT!

ZUTATEN

Für ca. 40 Stück

Für den Teig
200 g Mehl
100 g gemahlene Mandeln
100 g Zucker
Zimt
Salz
1 Ei
200 g kalte Butter

Für die Füllung
180 g Zartbitterkuvertüre
75 g Sahne

Außerdem
Mehl für die Arbeitsfläche

SO GEHT'S

1. Für den Teig das Mehl mit Mandeln, Zucker und je 1 Prise Zimt und Salz mischen. Auf eine Arbeitsfläche häufen, in die Mitte eine Mulde drücken, das Ei hineinschlagen und die Butter in Flöckchen um die Mulde herum verteilen.
2. Mit den Händen sämtliche Zutaten rasch zu einem glatten Teig verkneten. Den Teig zu einer Kugel formen, in Frischhaltefolie wickeln und etwa 30 Minuten in den Kühlschrank legen.
3. Den Backofen auf 180 °C (Ober-/Unterhitze) vorheizen. Ein Backblech mit Backpapier belegen. Den Teig auf einer bemehlten Arbeitsfläche etwa 1½ cm dünn ausrollen und die Teigplatte in ca. 4 x 4 cm große Quadrate schneiden. In die Hälfte der Teigquadrate mittig ein kleines Loch stechen.
4. Alle Plätzchen auf das Backblech legen und im vorgeheizten Ofen 10–12 Minuten backen. Plätzchen aus dem Ofen nehmen, mit dem Backpapier vom Blech ziehen und erkalten lassen.
5. Für die Füllung die Schokolade grob hacken. 80 g gehackte Schokolade mit der Sahne bei schwacher Hitze in einem kleinen Topf schmelzen lassen. Die Schokosahne zu einer glatten Creme verrühren, Topf vom Herd ziehen und etwas abkühlen lassen. Auf jedes ungelochte Plätzchen etwa 1 TL Schokosahne geben und darauf die gelochten Plätzchen setzen.
6. Die übrige Schokolade über dem heißen Wasserbad schmelzen und in einen Gefrierbeutel füllen. Zum Aufspritzen vom Beutel unten eine kleine Ecke abschneiden und die abgekühlten Plätzchen in dünnen Linien mit der Schokolade verzieren. Trocknen lassen. Die Plätzchen in einer Blechdose aufbewahren.

Pflaumen-Mohn-Kuchen

UPSIDE DOWN

ZUTATEN

Für 12–16 Stück

Für den Teig
8–10 Pflaumen
200 g weiche Butter
200 g Zucker
1 TL Zimtpulver
2 EL Kakaopulver
Salz
5 Eier
250 g Mehl
2 TL Backpulver
150 g gemahlener Mohn
ca. 150 ml Milch

Außerdem
1 Springform, ca. Ø 24 cm
50 g Butter und 50 g Zucker für die Form
Puderzucker zum Bestäuben

SO GEHT'S

1. Den Backofen auf 180 °C (Ober-/Unterhitze) vorheizen. Den Boden der Springform dick mit 50 g Butter einfetten und mit 50 g Zucker bestreuen.
2. Die Pflaumen waschen, halbieren und entsteinen. Die Hälften nebeneinander mit den Schnittflächen nach unten auf den vorbereiteten Formboden legen.
3. Für den Teig die Butter mit Zucker, Zimt, Kakao und 1 Prise Salz schaumig rühren. Unter weiterem Rühren die Eier einzeln nacheinander hinzufügen. So lange rühren, bis eine schaumige Masse entstanden ist.
4. Das Mehl mit Backpulver und Mohn vermischen. Die Mehl-Mohn-Mischung mit der Milch abwechselnd unter die Schaummasse rühren. Es soll ein geschmeidiger, streichfähiger Teig entstehen. Den Teig auf die Pflaumen in der Form verteilen und gleichmäßig verstreichen.
5. Den Kuchen im vorgeheizten Ofen in etwa 45 Minuten goldbraun backen (Stäbchenprobe!). Sollte die Oberfläche vor Ende der Backzeit zu dunkel werden, diese mit Alufolie abdecken.
6. Den Kuchen aus dem Ofen nehmen und auskühlen lassen. Zum Servieren kopfüber aus der Form stürzen und mit dem Puderzucker bestäuben.

Enies Tipp

Gemahlenen Mohn gibt es unter der Bezeichnung „Dampfmohn" im Reformhaus oder Bioladen. „Mohnback" ist für dieses Rezept leider nicht geeignet.

Punsch-Pies

SCHMECKEN NACH WEIHNACHTSMARKT

ZUTATEN

Für ca. 16 Stück

Für den Teig

250 g Mehl

75 g Rohrohrzucker (z. B. heller Muscovado)

Salz

130 g kalte Pflanzenmargarine

Für die Füllung

150 g Kirschkonfitüre

100 ml trockener Rotwein

abgeriebene Schale von ½ Bio-Orange

½ TL Zimtpulver

Außerdem

Mehl für die Arbeitsfläche

runde Plätzchenausstecher, ca. Ø 5 cm

SO GEHT'S

1. Für den Teig das Mehl mit dem Zucker und 1 Prise Salz mischen. Die Mehlmischung auf eine Arbeitsfläche häufen und die Margarine in kleinen Stücken darauf verteilen. Alles mit den Händen zu Bröseln zerreiben, dann 40 ml Wasser hinzufügen und weiterkneten, bis ein glatter Teig entstanden ist.
2. Den Teig zu einer Kugel formen, in Frischhaltefolie wickeln und für etwa 30 Minuten in den Kühlschrank stellen.
3. In der Zwischenzeit für die Füllung die Konfitüre mit dem Rotwein, der Orangenschale und dem Zimt in einem Topf verrühren. Unter häufigem Rühren dicklich einkochen lassen. Danach auf Zimmertemperatur abkühlen lassen.
4. Den Backofen auf 180 °C (Ober-/Unterhitze) vorheizen. Ein Backblech mit Backpapier belegen. Den Teig auf einer bemehlten Arbeitsfläche etwa 0,5 cm dick ausrollen; dann ungefähr 32 Kreise ausstechen. Es sollte eine gerade Anzahl sein.
5. In die Hälfte der Kreise jeweils mittig ein kleines Loch stechen. Die Punschfüllung auf die ungelochten Teigkreise verteilen, dabei einen Rand frei lassen.
6. Nun nacheinander bei jedem Kreis den freien Rand mit etwas Wasser bepinseln und jeweils einen gelochten Kreis darauflegen. Die Ränder mit den Zinken einer Gabel zusammendrücken. Die Pies auf das Backblech setzen und im vorgeheizten Ofen 15–20 Minuten backen, bis sie goldbraun aussehen. Auskühlen lassen und servieren.

Schoko-Erdnuss-Cookies

SÜNDHAFT LECKER

ZUTATEN

Für 25–30 Stück

Für den Teig
250 g Mehl
75 g Kakaopulver
½ TL Backpulver
½ TL Natron
250 g weiche Butter
100 g Zucker
200 g brauner Zucker
2 Eier
1 Messerspitze Vanillemark
175 g Chocolate Chips

Für die Füllung
125 g cremige Erdnussbutter
50 g brauner Zucker

Enies Tipp

Probier die Cookies einmal mit Nuss-Nugat-Creme oder deiner Lieblingskonfitüre anstelle der Erdnusscreme. Den Zucker dann weglassen.

SO GEHT'S

1. In einer Schüssel das Mehl mit Kakao, Backpulver und Natron vermischen. In einer zweiten Schüssel die Butter mit dem Zucker und braunem Zucker cremig rühren. Die Eier einzeln unterrühren, das Vanillemark dabei hinzufügen. Nun die Mehlmischung in kleinen Portionen unter die Butter-Eier-Creme rühren, bis ein geschmeidiger Teig entstanden ist.
2. Die Chocolate Chips unterheben und den Teig abgedeckt etwa 1 Stunde kalt stellen.
3. Den Backofen auf 175 °C (Ober-/Unterhitze) vorheizen. Ein Backblech mit Backpapier belegen.
4. Für die Füllung in einer kleinen Schüssel die Erdnussbutter mit dem braunen Zucker verrühren.
5. Mit einem Esslöffel vom Teig kleine Häufchen abnehmen und diese mit etwas Abstand zueinander auf das Backblech setzen. In die Mitte jedes Häufchens mit dem Daumen eine Mulde drücken und Füllung hineingeben. Die Füllung mit einem zweiten Löffel Cookie-Teig bedecken.
6. Die Cookies im vorgeheizten Ofen 10–15 Minuten backen. Herausnehmen, 5 Minuten abkühlen lassen und auf einem Kuchengitter auskühlen lassen.

Sticky Toffee Pudding

MIT BRANDY-TOFFEE-SOSSE

ZUTATEN

Für 1 Pudding

<u>Für die Puddingmasse</u>
250 g Datteln, entsteint
50 g kandierter Ingwer
1 TL Natron
125 g weiche Butter
Mark von 1 Vanilleschote
200 g brauner Zucker
3 Eier
180 g Mehl
1 TL Backpulver
50 g Walnusskerne, gehackt
50 g Pekannusskerne, gehackt

<u>Für die Soße</u>
1 Vanilleschote, aufgeschlitzt
200 g brauner Zucker
4 cl Brandy
100 g kalte Butter, in Stückchen

<u>Außerdem</u>
1 Puddingform mit Deckel, ca. 1,5 l Fassungsvermögen
Butter für die Form

SO GEHT'S

1. Für die Puddingmasse zuerst Datteln und Ingwer mit 300 ml Wasser in einem Topf aufkochen lassen. Vom Herd nehmen, Natron einrühren, die Mischung abkühlen lassen, dann pürieren.
2. Den Backofen auf 150 °C (Ober-/Unterhitze) vorheizen. Die Puddingform mit Butter ausstreichen. Nun für die Masse die Butter mit Vanillemark und Zucker in mindestens 5 Minuten cremig schlagen. Die Eier nach und nach unterrühren und zum Schluss das Dattelpüree unterziehen.
3. Das Mehl mit Backpulver und Nüssen mischen. Auf die Dattelcreme geben und alles zu einem geschmeidigen Teig verrühren. Die Puddingmasse in die Form füllen und die Form mit dem Deckel gut verschließen.
4. Eine hohe ofenfeste Form ca. ein Drittel hoch mit kochend heißem Wasser füllen. Puddingform hineinstellen – sie soll gut zur Hälfte im Wasser stehen. Pudding im vorgeheizten Ofen 2½ Stunden garen. Falls nötig, heißes Wasser nachgießen.
5. Für die Soße 250 ml Wasser mit der Vanilleschote und dem Zucker unter Rühren langsam erhitzen und köcheln lassen. Sobald eine goldbraune Soße entstanden ist, vom Herd nehmen, Brandy und Butterstückchen einrühren; auskühlen lassen.
6. Die Form aus dem Ofen nehmen, öffnen und etwa 10 Minuten zum Auskühlen stehen lassen. Anschließend den Pudding vorsichtig aus der Form stürzen und mit der Soße beträufeln. Servieren und die restliche Soße dazu reichen.

pikant

Puten-Ricotta-Tarteletts

SUPER FÜR'S BUFFET

ZUTATEN

Für 10 Stück

Für den Teig
ca. 250 g Mehl
150 g weiche Butter
150 g Bergkäse, gerieben
1 Ei

Für die Füllung
350 g gegartes Putenfleisch, z. B. vom kalten Putenbraten
1 Birne
150 g Erbsen
Salz
2 Handvoll Brunnenkresse
2 EL Schnittlauchröllchen
250 g Ricotta
200 g Sahne
1 EL Dijonsenf
5 Eier
Pfeffer, frisch gemahlen

Außerdem
Für 10 Tartelettförmchen, je ca. Ø 10 cm
Butter und Mehl für die Förmchen

SO GEHT'S

1. Für den Teig das Mehl auf die Arbeitsfläche häufen, in der Mitte eine Mulde formen. Die Butter in Stücken, den Käse und das Ei zugeben und alles rasch zu einem glatten Teig verkneten. In Frischhaltefolie wickeln und den Teig ca. 30 Minuten kalt stellen.
2. Für die Füllung das Putenfleisch klein würfeln. Die Birne schälen, vierteln, entkernen und ebenfalls klein würfeln. Die Erbsen für 2 Minuten in kochendes Salzwasser geben, abgießen, abschrecken und gut abtropfen lassen.
3. Die Kresse abbrausen, trocken schütteln und verlesen. Etwa die Hälfte zum Garnieren beiseitelegen, den Rest hacken und mit Erbsen, Birne, Pute und Schnittlauch vermengen.
4. Den Ricotta zerkrümeln, 3–4 EL zum Bestreuen beiseitelegen. Übrigen Ricotta mit Sahne, Senf und Eiern verrühren. Den Ricotta-Eier-Guss mit Salz und Pfeffer würzig abschmecken.
5. Den Backofen auf 180 °C (Umluft) vorheizen. Die Förmchen ausbuttern und bemehlen.
6. Den Teig in 10 Stücke teilen, flach drücken, in die Förmchen legen und gleichmäßig andrücken, dabei einen Rand formen. Die Putenmischung auf die Förmchen verteilen und mit dem Guss bedecken. Die Tarteletts im vorgeheizten Ofen in etwa 25 Minuten goldbraun backen. Mit restlichem Ricotta und Brunnenkresse garnieren und servieren.

Cranberry Cake mit Frosting

EIN EISPRINZESSINNEN-TRAUM

ZUTATEN

Für 1 Torte bzw. 8–10 Stücke

Für den Teig

5 Eier
125 g Zucker
Salz
75 g Mehl
75 g Walnusskerne, gemahlen
1 EL Speisestärke

Für die Füllung

350 g frische Cranberrys
1 Bio-Orange
250 g Gelierzucker 1:1
2 Zweige Rosmarin
4 cl Rum

Für das Frosting

150 g weiche Butter
150 g Puderzucker
einige Tropfen Vanilleextrakt
150 g Doppelrahmfrischkäse, Zimmertemperatur

Außerdem

Für 1 kleine, hohe Springform, Ø 20 cm
Butter und Brösel für die Form
Cranberrys und Rosmarin zum Garnieren

SO GEHT'S

1. Den Backofen auf 180 °C (Ober-/Unterhitze) vorheizen. Die Springform einfetten und mit Bröseln ausstreuen.
2. Für den Teig die Eier mit Zucker und 1 Prise Salz weiß-cremig schlagen. Mehl mit Walnüssen und Speisestärke mischen. Auf die Eiercreme geben und unterheben. Die Masse in die Form füllen, glatt streichen und im vorgeheizten Ofen etwa 30 Minuten backen (Stäbchenprobe!).
3. Aus dem Ofen nehmen und den Kuchen auskühlen lassen. Anschließend aus der Form lösen und den Kuchen zweimal waagrecht in drei gleich dicke Böden teilen.
4. Für die Füllung die Cranberrys waschen, verlesen, evenutell einige Beeren für die Deko zur Seite legen und in einen Topf geben. Die Orange heiß waschen und abtrocken. Die Schale abreiben und den Saft auspressen. Beides mit Gelierzucker, Rosmarin und Rum zu den Cranberrys geben.
5. Die Beeren mit einem Kartoffelstampfer grob zerdrücken und ca. 2 Stunden ziehen lassen. Anschließend aufkochen und etwa 5 Minuten sprudelnd kochen lassen. In eine Schüssel füllen, Rosmarin entfernen und die Konfitüre auskühlen lassen.
6. Für das Frosting die Butter mit Puderzucker und Vanilleextrakt cremig schlagen. Den Frischkäse unterrühren.
7. Die beiden unteren Böden mit der Konfitüre bestreichen und aufeinandersetzen. Den oberen Boden auflegen und den Cake rundherum mit dem Frosting einstreichen. Bis zum Servieren mindestens 30 Minuten kalt stellen. Nach Belieben mit Cranberrys und Rosmarin garnieren.

Schoko-Schneebälle

FÜR DIE LECKERSTEN SCHNEEBALLSCHLACHTEN

ZUTATEN

Für 25–30 Stück

Für den Teig

125 g Zartbitterschokolade
50 g weiche Butter
75 g Rohrohrzucker (z. B. Muscovado)
1 EL Vanillezucker
Salz
1 Ei
ca. 150 g Mehl
2 EL Kakaopulver
1 TL Backpulver
3–4 EL Milch
ca. 75 g Puderzucker

SO GEHT'S

1. Die Schokolade grob hacken und über einem heißen Wasserbad schmelzen.
2. Die Butter mit Zucker, Vanillezucker und 1 Prise Salz schaumig rühren. Das Ei und die flüssige Schokolade unterziehen.
3. Das Mehl mit Kakao und Backpulver mischen. Diese Mischung im Wechsel mit der Milch unter die Schokoladencreme rühren. Der Teig soll nicht zu flüssig sein, falls nötig noch etwas Mehl dazugeben. Teig zudecken und mindestens 2 Stunden kühlen.
4. Den Backofen auf 180 °C (Umluft) vorheizen. Ein Backblech mit Backpapier belegen. Vom Teig kleine Portionen abnehmen und daraus etwa 2 cm große Kugeln formen. Die Kugeln leicht flach drücken, mit der oberen Seite in Puderzucker drücken (nur ganz leicht) und auf das Backblech legen.
5. Die Schoko-Schneebälle im vorgeheizten Ofen etwa 8 Minuten backen, bis sie außen schön knusprig und innen noch weich sind. Auf einem Kuchengitter auskühlen lassen.

Zimtschnecken

SKANDINAVISCHER HIT

ZUTATEN

Für 15 Stück

<u>Für den Teig</u>
½ Würfel Hefe, 21 g
200 ml lauwarme Mandelmilch
60 g brauner Zucker
Salz
350 g Dinkelmehl (Type 630)
60 g weiche Margarine
Mehl zum Arbeiten

<u>Für die Füllung</u>
3 EL flüssige Margarine
2–3 EL brauner Zucker
2 TL Zimtpulver
gemahlener Kardamom

<u>Außerdem</u>
Puderzucker zum Bestäuben

SO GEHT'S

1. Für den Teig die Hefe in die lauwarme Mandelmilch bröseln und unter Rühren darin auflösen. Zucker, 1 Prise Salz und Mehl in einer Schüssel mischen. Die Margarine und die Hefe-Mandelmilch dazugeben und alles so lange miteinander verkneten, bis sich der Teig vom Schüsselrand löst. Den Teig zugedeckt etwa 1 Stunde an einem warmen Ort gehen lassen.

2. Ein bis zwei Backbleche mit Backpapier belegen. Den Teig in zwei Portionen teilen. Eine Hälfte auf einer bemehlten Arbeitsfläche zu einem Streifen von ca. 10 cm Breite und etwa ½ cm Dicke ausrollen. Den übrigen Teig ebenso ausrollen.

3. Für die Füllung die Margarine mit Zucker, Zimt und 1 Prise Kardamom vermischen. Die Teigstreifen mit der Füllung bestreichen und von der breiten Seite her eng aufrollen. Die Rollen in 1 cm dicke Scheiben schneiden. Die Scheiben auf das oder auch die Backblech(e) legen und eventuell ein wenig nachformen. Mit einem Tuch bedecken und etwa 15 Minuten ruhen lassen.

4. Den Backofen auf 180 °C (Ober-/Unterhitze) vorheizen. Die Zimtschnecken im vorgeheizten Ofen in ca. 15 Minuten goldbraun backen. Aus dem Ofen nehmen und etwas abkühlen lassen. Mit Puderzucker bestäuben und genießen. Lauwarm schmecken sie am besten.

Dänische Rumkugeln

MIT VIEL RUM(S)

ZUTATEN

Für etwa 30 Kugeln

Für den Teig

2 fertige Schokoladenkastenkuchen oder Schoko-Biskuitböden (á 400 g)
150 g Crème fraîche
200 g Puderzucker
½ Glas (oder mehr) braunen Rum

Für die Garnitur

50 g Puderzucker
ca. 200 g Schokostreusel

Enies Tipp

Diese Rumkugeln sind superpraktisch und genau das Richtige für Eilige: Sie kommen nämlich ohne Backen aus. Weiteres Plus: Perfekte Verwertung von Kuchen-Resten!

SO GEHT'S

1. Die Kuchenböden grob zerbröseln und zusammen mit der Crème fraîche, dem Puderzucker und dem Rum zu einer homogenen Masse vermischen.
2. Nun mit den Händen etwa walnussgroße Kugeln formen und diese auf einen Teller oder ein Backblech legen.
3. Die Kugeln im Kühlschrank für mindestens 1 Stunde kalt stellen.
4. Für die Garnitur den Puderzucker mit 2 EL Wasser in einem tiefen Teller zu einem dicken „Klebstoff" anrühren. Die Schokostreusel auf einen zweiten Teller geben.
5. Die Rumkugeln zuerst im Zuckerklebstoff und dann in den Schokostreuseln hin- und herrollen. Die Kugeln am besten auf Backpapier legen und etwas trocknen lassen. Fertig!

Ostern

Eierlikör-Cupcakes

MIT ZUCKEREIERN IM FROSTING-NEST

ZUTATEN

Für 12 Stück

Für den Teig
200 g Mehl
6 EL Kokosraspel
½ TL Backpulver
1 TL Natron
2 Eier
75 g Zucker
75 ml Öl
200 ml Eierlikör

Für das Frosting
150 g Doppelrahmfrischkäse
2 EL Puderzucker
2 EL Kokoslikör
200 g Sahne

Außerdem
12er-Muffinblech
12 Papierförmchen
2 EL Kokosraspel und bunte Zuckereier für die Garnitur

SO GEHT'S

1. Den Backofen auf 180 °C (Ober-/Unterhitze) vorheizen. Die Mulden des Muffinblechs mit Papierförmchen auslegen.
2. Für den Teig in einer Schüssel das Mehl mit Kokosraspeln, Backpulver und Natron vermischen. In einer zweiten Schüssel die Eier mit Zucker, Öl und Eierlikör verrühren. Die Mehlmischung löffelweise zur Eimasse geben – nur so lange rühren, bis die trockenen Zutaten gerade eben untergemischt sind.
3. Den Teig in die Papierförmchen füllen und im heißen Ofen in 20–25 Minuten goldbraun backen (Stäbchenprobe). Aus dem Ofen nehmen und auskühlen lassen.
4. Für das Frosting den Frischkäse mit Puderzucker und Likör cremig rühren. Die Sahne steif schlagen und unterziehen. Das Frosting in einen Spritzbeutel mit Lochtülle füllen und auf die Muffins spritzen.
5. Für die Garnitur die Kokosraspel in einer Pfanne rösten, bis sie zu duften beginnen; herausnehmen und auskühlen lassen. Die Cupcakes mit den Zuckereiern und den gerösteten Kokosraspeln garnieren und servieren.

Enies Tipp

Statt der Eier könntest du die Cupcakes auch mit Hasenöhrchen dekorieren: Aus Schoko- oder Modellierfondant Ohren formen, etwas antrocknen lassen und aufsetzen.

Lustige Osterküken

FÜR GUTE LAUNE IM OSTERNEST

ZUTATEN

Für 8 Stück

Für den Teig

100 g Butter
Salz
Saft und abgeriebene Schale von 1 Bio-Orange
125 g Zucker
1 EL Vanillezucker
3 Eier
1 Eigelb
125 g Mehl

Für die Garnitur

Puderzucker zum Bestäuben
Zuckerschrift in Weiß, Schwarz, Orange

Außerdem

tropfenförmige Backförmchen
Butter und Mehl für die Förmchen

SO GEHT'S

Perfekt zu Ostern für nächstes Jahr

1. Den Backofen [illegible] heizen. Die Backförmchen [illegible] l ausstreuen.
2. Die Butter zerl[illegible] kühlen lassen. 1 Prise Salz, Or[illegible] nillezucker, Eier, Eigelb und [illegible] utter rühren. Es soll ein gesch[illegible] Teig entstehen.
3. Die Förmchen etwa zwei Drittel hoch mit dem Teig füllen und die Osterküken im vorgeheizten Ofen in etwa 15 Minuten goldbraun backen.
4. Das Gebäck aus dem Ofen nehmen, kurz in den Förmchen abkühlen lassen, dann aus den Förmchen stürzen und auf einem Kuchengitter vollständig auskühlen lassen.
5. Eine Zick-Zack-Schablone anfertigen. Nacheinander die Tropfen mit Puderzucker bestreuen, dabei die Schablone auf die Mitte legen. Mit Zuckerschrift Augen und Schnabel für die Küken-Gesichter aufmalen.

Süße Hefe-Schnecke

BRAUCHT ETWAS ZEIT, DIE SICH LOHNT!

ZUTATEN

Für 1 Schnecke bzw.
ca. 10 Stück

Für den Teig
100 g Rosinen
4 cl Rum
ca. 500 g Mehl
½ Würfel Hefe, 21 g
ca. 220 ml lauwarme Milch
50 g Zucker
50 g Butter
Salz
abgeriebene Schale von
1 Bio-Orange
1 Messerspitze gemahlener Anis
2 Eier

Außerdem
Mehl zum Arbeiten
100 g Mandelstifte
2 EL flüssige Butter
Puderzucker zum Bestäuben

SO GEHT'S

1. Für den Teig die Rosinen im Rum leicht erwärmen, dann abkühlen und ziehen lassen.
2. Das Mehl in eine Schüssel sieben und in die Mitte eine Mulde drücken. Die Hefe hineinbröckeln und mit etwas lauwarmer Milch, 2 EL Zucker und ein wenig Mehl vom Rand verrühren. Die Schüssel zudecken und den Vorteig an einem warmen Ort ca. 15 Minuten gehen lassen.
3. Die Butter mit der restlichen Milch leicht erwärmen. Mit dem übrigen Zucker sowie 1 Prise Salz, Orangenschale, Anis und Eiern in die Schüssel zum Vorteig geben. Alle Zutaten so lange miteinander verkneten (geht gut mit den Knethaken des Handrührgeräts), bis sich der Teig vom Schüsselrand löst. Schüssel nochmals zudecken und den Teig etwa 45 Minuten an einem warmen Ort zur doppelten Größe aufgehen lassen.
4. Ein Backblech mit Backpapier belegen. Die Rosinen abtropfen lassen. Den Teig auf einer bemehlten Arbeitsfläche rechteckig ausrollen und mit den Rosinen und den Mandelstiften bestreuen. Von einer Schmalseite her aufrollen, sodass eine große Schnecke entsteht. Das Teigende unter die Schnecke schieben, andrücken und auf das Backblech legen. Zugedeckt ca. 15 Minuten gehen lassen.
5. Den Backofen auf 160 °C (Ober-/Unterhitze) vorheizen. Die Schnecke mit der flüssigen Butter bestreichen und im Ofen ca. 45 Minuten goldbraun backen. Aus dem Ofen nehmen, auf einem Kuchengitter auskühlen lassen, mit Puderzucker bestäuben und sofort servieren.

Rhabarber-Clafoutis mit Minze

EIERKUCHEN AUF FRANZÖSICHE ART

ZUTATEN

Für 4 Personen

Für den Teig

350 g Rhabarber
90 g Zucker
2 Eier
1 EL Vanillezucker
100 g Mehl
150 ml Milch
Salz

Außerdem

1 ofenfeste Form (z. B. Gratinform)
Butter für die Form
Minzeblätter zum Garnieren
Puderzucker zum Bestäuben

SO GEHT'S

1. Den Rhabarber waschen, schälen und in etwa 3 cm Stücke schneiden. Die Stücke in einer Schüssel mit 40 g Zucker vermischen und ungefähr 6 Stunden oder über Nacht ziehen lassen.
2. Die Eier mit dem restlichen Zucker, Vanillezucker, Mehl, Milch und 1 Prise Salz zu einem flüssigen Teig (wie ein Pfannkuchenteig) verrühren. Den Teig etwa 20 Minuten quellen lassen.
3. Den Backofen auf 180 °C (Ober-/Unterhitze) vorheizen. Die Form ausbuttern. Die Rhabarberstücke abtropfen lassen, den Saft dabei auffangen und in den Teig rühren.
4. Den Teig in die Form gießen und den Rhabarber darauf verteilen. Die Clafoutis im vorgeheizten Ofen in etwa 25 Minuten goldbraun backen. Mit Minze garnieren, mit Puderzucker bestäuben. Am besten warm servieren. Schmeckt aber auch kalt.

Enies Tipp

Der französische süße Eierauflauf schmeckt auch super mit frischen Herzkirschen (am besten vorher entsteinen).

Feta-Mousse auf Knusperboden

FEINER SNACK ZUM APERITIF

Pikant

ZUTATEN

Für 12–16 Stück

Für den Knusperboden
150 g Toastbrot
3–4 EL Semmelbrösel
80 g Pecorino Romano oder Parmesan
70–80 g Butter
frisch gemahlener schwarzer Pfeffer

Für die Füllung
1 Handvoll Pimpinelle
1 Handvoll Orangenminze
1 Handvoll Kerbel
1 Handvoll Bärlauch
300 g Feta
400 g Quark, (20 % Fett)
200 g fettreduzierter Frischkäse
Salz
frisch gemahlener Pfeffer
3 TL Agar-Agar-Pulver
3 EL Zitronensaft
3 Eiweiß

Außerdem
1 Springform (24 cm)
Frühlingszwiebelgrün und Wildkräuter für die Garnitur

SO GEHT'S

1. Für den Teig den Backofen auf 200 °C (Ober-/Unterhitze) vorheizen. Die Springform mit Backpapier auskleiden. Das Toastbrot entrinden und in der Küchenmaschine fein mahlen (benötigt werden 120 g Krumen). Den Käse fein reiben und die Butter schmelzen.
2. Toastbrösel, Semmelbrösel und geriebenen Käse zur Butter geben. Alles zu einer homogenen Masse vermengen; mit Pfeffer abschmecken. Die Masse mithilfe einer Palette auf den Springformboden streichen und in 15 Minuten im vorgeheizten Ofen knusprig backen. Herausnehmen und abkühlen lassen.
3. Inzwischen für die Füllung die Kräuter waschen, trocken schleudern, die Blättchen abzupfen und fein schneiden. Den Feta mit einer Gabel zerdrücken. Mit Quark und Frischkäse in die Küchenmaschine geben und alles zu einer glatten Creme verarbeiten. In eine Schüssel umfüllen, die Kräuter unterrühren und die Creme mit Salz und Pfeffer abschmecken.
4. Agar-Agar-Pulver mit Zitronensaft und 80 ml Wasser in einem Topf verrühren; 5 Minuten quellen lassen. Inzwischen das Eiweiß mit 1 Prise Salz steif schlagen. Agar-Agar-Mischung 2 Minuten kochen lassen, dann mit den Schneebesen des Handrührgeräts unter die Feta-Creme rühren. Eischnee unterheben und die Masse auf den vorgebackenen Boden streichen.
5. Mousse in mindestens 6 Stunden oder über Nacht im Kühlschrank fest werden lassen. Mit Frühlingszwiebelgrün und Wildkräutern garnieren.

Pikant

Mini-Gouda-Gugelhupfe

KLEIN, ABER OHO

ZUTATEN

Für ca. 12 Stück

Für den Teig

1 Döschen Safran, 0,1 g
70 g Gouda
200 g Mehl
100 g feiner Maisgrieß
3 TL Backpulver
1 TL Salz
2 Eier
100 ml Rapsöl
300 ml Buttermilch

Außerdem

12er-Mini-Gugelhupfblech
Butter und Grieß für das Blech
Feldsalat zum Garnieren

SO GEHT'S

1. Die Mulden des Gugelhupfblechs einfetten und mit Grieß ausstreuen. Das Blech bis zur Verwendung in den Kühlschrank stellen. Den Safran in 3 EL warmem Wasser auflösen. Den Gouda fein reiben.
2. Den Backofen auf 180 °C (Ober-/Unterhitze) vorheizen. In einer Schüssel das Mehl mit Maisgrieß, Backpulver und Salz vermischen. Die Eier in einer zweiten Schüssel verquirlen. Dabei das Öl, die Buttermilch und das Safranwasser langsam dazugeben.
3. Die Mehlmischung rasch unter die Eiermischung rühren und zum Schluss den Käse unterheben. Den Teig in die Förmchen füllen und im Ofen etwa 20 Minuten goldgelb backen. Die Stäbchenprobe nicht vergessen.
4. Gugelhupfe aus dem Ofen nehmen, in den Förmchen etwa 5 Minuten abkühlen lassen, dann herauslösen. Nach Belieben lauwarm oder kalt mit Feldsalat servieren.

Enies Tipp

Wie wär's mit einem Mini-Gugelhupf-Sandwich? Aufschneiden, mit Gouda belegen oder Frischkäse bestreichen, zusammensetzen, reinbeißen.

Fur Anke
zum
Geburtstag

Gesprenkelter Oster-Cake

MIT SCHOKO-EIERN

ZUTATEN

Für 8–10 Stück

Für den Teig
4 Eier, Salz
100 g Zucker
100 g Mehl
1 EL Speisestärke
1 Messerspitze Vanillemark
abgeriebene Schale von 1 Bio-Zitrone

Für die Füllung
400 g Sauerkirschen im Glas
4 Blatt Gelatine
200 g Mascarpone
250 g Quark
60 g Puderzucker
150 g Sahne
2 cl Zitronenlikör
60 g Schokoladenraspel

Zum Garnieren
400 g Sahne
2 EL Minzsirup
2 Päckchen Sahnesteif
80 g Zartbitterschokolade
1 EL Kokosfett
Schokoladeneier

Außerdem
1 hohe Springform, ca. Ø 18 cm
Öl und Mehl für die Form

SO GEHT'S

1. Den Backofen auf 160 °C (Ober-/Unterhitze) vorheizen. Den Boden der Form mit Öl einfetten und mit Mehl bestäuben. Eier trennen. Eiweiß mit 1 Prise Salz halb steif schlagen, dann unter weiterem Schlagen den Zucker einrieseln lassen und die Masse schnittfest schlagen. Das Eigelb verquirlen und mit einem Schneebesen unter den Eischnee heben.
2. Das Mehl mit Speisestärke, Vanillemark und Zitronenschale mischen. Auf die Eiermasse sieben und locker unterheben. Teig in die Form füllen und im Ofen etwa 40 Minuten backen (Stäbchenprobe). Kuchen herausnehmen und in der Form auskühlen lassen. Dann herauslösen, von oben einen Deckel abschneiden und den Kuchen zweimal waagrecht in 3 Böden teilen.
3. Für die Füllung Kirschen abtropfen lassen. Gelatine einweichen. Mascarpone mit Quark und Puderzucker cremig rühren. Sahne steif schlagen. Likör erhitzen, Gelatine ausdrücken und im Likör auflösen. 2–3 EL der Mascarpone-Creme unter die Likör-Gelatine rühren, dann alles unter die restliche Creme ziehen; Schlagsahne mit Schokoraspeln unterheben.
4. Den unteren Tortenboden auf einer Kuchenplatte mit einem Tortenring umschließen. Die Hälfte der Kirschen daraufstreuen, dabei einen schmalen Rand freilassen. Mit der Hälfte der Creme bestreichen. Den zweiten Boden auflegen, mit übrigen Kirschen und restlicher Creme fortfahren; den Deckel auflegen. Den Cake mindestens 3 Stunden kalt stellen.
5. Zum Garnieren Sahne mit Sirup und Sahnesteif steif schlagen. Schokolade reiben und mit dem Fett schmelzen. Ring von der Torte abziehen, die Torte mit der Minz-Sahne umhüllen. Flüssige Schokolade (mit einem Backpinsel) darauf sprenkeln. Den Cake nach Belieben mit Schoko-Eiern garnieren.

Geburtstags- und Familienfeste

Birnen in Schoko-Soufflé

DIE ANTWORT AUF APFEL IM SCHLAFROCK

ZUTATEN

Für 4 Portionen

Für die Masse
50 ml Milch
1 TL dunkles Kakaopulver
1 Stück Schale von 1 Bio-Orange
4 EL Zucker
100 g Zartbitterschokolade
3 Eier
Salz
1 EL Mehl

Außerdem
4 Ramequins oder kleine Souffléförmchen
Butter und Zucker für die Förmchen
4 kleine Bio-Birnen

Enies Tipp

Für eine winterliche Gewürznote die Schokoladenmasse zusätzlich mit einer guten Messerspitze Zimt- und oder Ingwerpulver aromatisieren.

SO GEHT'S

1. Den Backofen auf 180 °C (Ober-/Unterhitze) vorheizen. Die Förmchen mit Butter einfetten und mit Zucker ausstreuen.
2. Für die Masse die Milch mit dem Kakaopulver, der Orangenschale und 2 EL Zucker in einem kleinen Topf aufkochen lassen. Währenddessen die Schokolade hacken.
3. Die Milch vom Herd nehmen, die Orangenschale herausnehmen. Die Schokolade hinzufügen und in der heißen Milch schmelzen lassen. Die Eier trennen. Das Eiweiß mit 1 Prise Salz steif schlagen, dabei den restlichen Zucker einrieseln lassen.
4. Das Eigelb und das Mehl in die Milch-Schokolade rühren. Den Eischnee unterziehen und die Schokoladenmasse in die vorbereiteten Förmchen füllen.
5. Die Birnen waschen, die Kerngehäuse mit einem Apfelausstecher von der unteren Seite her ausstechen, die Stiele nach Möglichkeit belassen. Eine Birne (mit dem Stiel nach oben) in jedes Förmchen in die Schokoladenmasse setzen.
6. Die Förmchen in eine große ofenfeste Form (z. B. Gratinform oder tiefes Blech) stellen und in diese etwa 2–3 cm hoch heißes Wasser gießen. Die Birnen im Schoko-Soufflé im vorgeheizten Ofen (unten) 25–30 Minuten backen. Herausnehmen und sofort servieren.

Rote-Bete-Torte

BESONDERE ÜBERRASCHUNG

ZUTATEN

Für 1 Torte bzw. 16 Stücke

Für den Teig

1 kleine Rote-Bete-Knolle (150 g)
250 g Butter
500 g Mehl
75 g Kakaopulver
2 TL Backpulver
1 TL Natron
5 TL Zimtpulver
Salz
4 Eier
175 g brauner Zucker
1 EL Vanillezucker
375 ml Buttermilch

Für die Creme

ca. 50 g gegarte Rote Bete
400 g Puderzucker
150 g weiche Butter
abgeriebene Schale und Saft von 1 Bio-Limette
500 g Doppelrahmfrischkäse

Außerdem

2 Springformen, je Ø 24 cm
Butter und Mehl für die Formen
unbehandelte getrocknete Rosenblüten, zum Garnieren

SO GEHT'S

1. Den Backofen auf 180 °C (Ober-/Unterhitze) vorheizen. Die Formen einfetten und mit Mehl bestäuben.
2. Für den Teig die Rote Bete schälen und fein reiben. Die Butter zerlassen, dann etwas abkühlen lassen. In einer Schüssel das Mehl mit Kakaopulver, Backpulver, Natron, Zimt und 1 Prise Salz mischen.
3. Die Eier mit dem Zucker und Vanillezucker in der Küchenmaschine in ca. 3 Minuten cremig quirlen. Buttermilch und Butter unterrühren. Nun die Mehlmischung rasch und gründlich unterrühren und dann die Rote Bete unter die Masse heben.
4. Den Teig gleichmäßig auf die beiden Formen verteilen und glatt streichen. Die Kuchenböden im Ofen (Mitte) nacheinander jeweils ca. 30 Minuten backen (Stäbchenprobe). Anschließend kurz in den Formen abkühlen lassen, herauslösen und auf einem Kuchengitter erkalten lassen.
5. Für die Creme die gegarte Rote Bete pürieren. Den Puderzucker sieben. Die weiche Butter mit dem Puderzucker und der Limettenschale in ca. 10 Minuten zu einer dicken Creme verrühren.
6. Limettensaft, Frischkäse und Rote-Bete-Püree gründlich unter die Buttercreme rühren.
7. Einen Kuchenboden auf eine Tortenplatte setzen und mit der Hälfte der Rote-Bete-Creme bestreichen. Den zweiten Kuchen daraufsetzen und mit der übrigen Creme bestreichen. Mit Rosenblüten garnieren und servieren.

Gefüllte Ingwerplätzchen

FÜR MARSHMALLOW- UND KARAMELL-FANS

ZUTATEN

Für ca. 40 Stück

Für den Teig

175 g weiche Butter
175 g brauner Zucker
Salz
3 Eier
175 g Mehl
1 TL Natron
75 g gemahlene Mandeln, ungeschält
3 TL Ingwerpulver
1 EL kandierter Ingwer, fein gehackt

Für die Füllung

2 EL weiche Butter
2 EL Zucker
130 g Marshmallowcreme
130 g Karamellcreme

SO GEHT'S

1. Den Backofen auf 180 °C (Ober-/Unterhitze) vorheizen. Ein Backblech mit Backpapier belegen.
2. Für den Teig die Butter mit dem Zucker und 1 Prise Salz cremig aufschlagen. Die Eier nacheinander einrühren, dann das Mehl, das Natron, die Mandeln, das Ingwerpulver und den fein gehackten Ingwer unterziehen.
3. Den Teig in einen Spritzbeutel mit glatter, mittlerer Lochtülle füllen und in 2–3 cm großen Tupfen auf das Backblech spritzen.
4. Die Plätzchen im vorgeheizten Ofen 10–15 Minuten backen. Herausnehmen, die Plätzchen vorsichtig vom Blech nehmen und auskühlen lassen.
5. Für die Füllung die Butter mit dem Zucker weiß-cremig schlagen. Die Marshmallowcreme untermischen. Die Hälfte der Plätzchen auf den unteren, flachen Seiten zuerst mit der Marshmallow-Füllung, dann mit der Karamellcreme bestreichen. Jeweils mit einem zweiten Plätzchen (Unterseite unten) bedecken. Die Doppeldecker kühl stellen und servieren.

Enies Tipp

Karamellcreme kannst du schnell selbst machen: Karamellsahnebonbons in wenig Sahne bei schwacher Hitze schmelzen – fertig ist die Creme.

Victoria Sponge Cake

FÜR DIE KINGS AND QUEENS UNTER EUCH

ZUTATEN

Für 1 Torte bzw. 8 Stück

Für den Teig

4 Eier
1 TL Zitronensaft
100 g Zucker
75 g Mehl
50 g Speisestärke

Für Füllung und Belag

500 g Erdbeeren
150 g Himbeeren
40 g Pistazienkerne
400 g Schlagsahne extra (36 % Fett)
1 Messerspitze Vanillemark
1 EL Puderzucker
150 g Erdbeerkonfitüre

Außerdem

1 Springform, Ø 20 cm
Puderzucker zum Bestäuben

SO GEHT'S

1. Den Backofen auf 180 °C (Ober-/Unterhitze) vorheizen. Den Boden der Springform mit Backpapier belegen.
2. Für den Teig die Eier trennen. Das Eiweiß mit dem Zitronensaft zuerst halb steif schlagen, dann den Zucker einrieseln lassen und weiterschlagen, bis der Eischnee ganz steif ist.
3. Das Mehl mit der Speisestärke vermischen. Das Eigelb auf den Eischnee setzen, die Mehlmischung daraufsieben und alles unter den Eischnee ziehen.
4. Die luftige Masse in die Form füllen, glatt streichen und im vorgeheizten Ofen ca. 25 Minuten backen (Stäbchenprobe). Die Form aus dem Ofen nehmen und den Kuchen ein paar Minuten in der Form abkühlen lassen. Anschließend vorsichtig aus der Form auf ein Kuchengitter stürzen und auskühlen lassen.
5. Die Erdbeeren waschen, putzen und etwa die Hälfte in Scheiben schneiden. Die Himbeeren verlesen. Die Pistazien grob hacken. Die Sahne mit Vanillemark und Puderzucker steif schlagen.
6. Den vollständig ausgekühlten Kuchen waagrecht halbieren. Die obere Hälfte abnehmen. Die untere Kuchenhälfte mit der Konfitüre bestreichen, darauf ein Drittel der Vanillesahne verteilen und diese mit den Erdbeerscheiben belegen.
   Ein weiteres Drittel Schlagsahne auf die Beeren streichen und nun die obere Kuchenhälfte auflegen.
7. Den Kuchen mit den übrigen Beeren belegen, mit den Pistazien bestreuen und mit Puderzucker bestäuben.

Kirsch-Whoopies

SÜSSE MINI-SANDWICHES AUS DEN USA

ZUTATEN

Für 10–12 Stück

<u>Für den Teig</u>
120 g weiche Butter
180 g Zucker
1 Ei
250 g Mehl
1 TL Backpulver
6 TL Kakaopulver
ca. 110 ml Milch

<u>Für die Creme</u>
150 g Süßkirschen
120 g Doppelrahmfrischkäse
2 EL Kirschsirup
1 EL Puderzucker
120 g Sahne

SO GEHT'S

1. Den Backofen auf 180 °C (Ober-/Unterhitze) vorheizen. Ein Backblech mit Backpapier belegen.
2. Für den Teig die Butter mit dem Zucker schaumig schlagen. Das Ei dazugeben und gut unterrühren. Das Mehl mit dem Backpulver und dem Kakao vermischen. Mit der Milch unter die Butter-Ei-Creme rühren, bis ein glatter Teig (so ähnlich wie ein festerer Rührteig) entstanden ist.
3. Mit einem Esslöffel Teighäufchen (ca. 2,5 cm Durchmesser) auf das Backblech geben. Diese im vorgeheizten Ofen 10–12 Minuten backen. Herausnehmen und komplett auskühlen lassen.
4. Für die Creme die Kirschen waschen, entkernen und klein schneiden. Den Frischkäse mit dem Sirup und dem Zucker cremig rühren. Die Kirschen untermischen. Wenn du Kirschen aus dem Glas verwendest, kannst du den Sirup gut weglassen.
5. Die Sahne steif schlagen und vorsichtig unter die Frischkäsecreme heben. Die Masse in einen Spritzbeutel füllen und auf die Hälfte der Kekse (Unterseiten nach oben) verteilen. Die Cremefüllungen mit den übrigen Keksen bedecken; die Kekse leicht aufdrücken. Am besten sofort naschen.

Enies Tipp

So werden die Whoopies im Handumdrehen kindergeburtstagstauglich. Die fertig gefüllten Keks-Sandwiches rundherum in Zuckerstreuseln wenden, sodass diese an der Creme haften und voilá: echte Clown-Whoopies.

Profiteroles mit Himbeersahne

LOCKER, LUFTIG, LEICHT

ZUTATEN

Für 16 Stück

Für den Teig
125 g kalte Butter
1 EL Zucker
Salz
150 g Mehl
4 Eier

Für die Füllung
150 g Himbeeren
200 g kalte Sahne
1 Päckchen Sahnesteif
1 Päckchen Vanillezucker

Enies Tipp

Liebhaber füllen die Windbeutelchen mit einer Vanillecreme und übergießen sie mit selbst gemachter Schokoladensoße.

SO GEHT'S

1. Den Backofen auf 230 °C (Ober-/Unterhitze) vorheizen. Ein Backblech mit Backpapier belegen. Die Butter in Stücke schneiden und in einem Topf zusammen mit Zucker, 2 Prisen Salz und 250 ml Wasser aufkochen. Das Mehl sieben.
2. Den Topf vom Herd nehmen und das Mehl auf einmal in die Flüssigkeit geben, dabei mit einem Kochlöffel ständig rühren. Den Topf wieder auf den Herd stellen und weiterrühren, bis sich der Teig als Kloß vom Topfboden löst und sich auf dem Boden ein weißlicher Belag bildet (das nennt man »abbrennen« – der Teig heißt deshalb Brandteig).
3. Den Teig in eine Schüssel umfüllen. Mit den Knethaken des Handrührgeräts die Eier einzeln nacheinander gründlich unter den Teig zu einer festeren homogenen Masse rühren.
4. Den Teig in einen Spritzbeutel mit runder Tülle füllen und etwa 16 Teighäufchen auf das Blech spritzen. Diese im vorgeheizten Ofen (untere Schiene) 10 Minuten backen, dann auf 200 °C reduzieren und weitere 25 Minuten backen. Bei leicht geöffneter Backofentür komplett auskühlen lassen.
5. Für die Füllung die Himbeeren verlesen. Die Sahne mit dem Sahnesteif sowie Vanillezucker aufschlagen und die Beeren unterheben. Die Windbeutel mit einer Küchenschere aufschneiden und mit der Himbeersahne füllen. Bis zum Servieren im Kühlschrank aufbewahren oder noch besser: sofort genießen.

Kokos-Möhren-Cupcakes

HERRLICH FLUFFIG-KARAMELLIG

ZUTATEN

Für 12 Stück

Für den Teig
200 g Möhren
200 g Mehl
50 g Kokosraspel
2 TL Backpulver
Salz
½ TL Zimtpulver
100 g weiche Butter
125 g Zucker
1 TL Vanillezucker
2 Eier
ca. 75 ml Kokosmilch

Für das Topping
250 g Doppelrahmfrischkäse
80 g weiche Butter
100 g Möhren
ca. 50 g Puderzucker
2 EL Karamellsoße
ca. 150 g Kokosraspel

Außerdem
12er-Muffinblech
12 Papierförmchen

SO GEHT'S

1. Den Backofen auf 180 °C (Ober-/Unterhitze) vorheizen. Die Mulden des Muffinblechs mit den Papierförmchen auskleiden.
2. Die Möhren schälen und fein raspeln. In einer Schüssel das Mehl mit den Kokosraspeln, dem Backpulver, 1 Prise Salz und dem Zimt vermischen.
3. In einer zweiten Schüssel die Butter mit dem Zucker und Vanillezucker 2 Minuten schaumig schlagen. Die Eier einzeln gründlich unterrühren und danach die Kokosmilch im Wechsel mit der Mehlmischung unterarbeiten. Schließlich die Möhren unter den Teig heben.
4. Den Teig in die Förmchen füllen und im Ofen (Mitte) etwa 25 Minuten backen (Stäbchenprobe). Das Blech aus dem Ofen nehmen und die Küchlein vollständig erkalten lassen.
5. Für das Topping Frischkäse und Butter etwa 1 Stunde vor der Zubereitung aus dem Kühlschrank nehmen, damit sie Zimmertemperatur annehmen. Inzwischen die Möhren schälen und fein raspeln. Den Puderzucker sieben.
6. Den Frischkäse mit der Butter cremig rühren, dabei den Puderzucker einreseln lassen. Die Karamellsoße einrühren und die Möhren unterrühren. Falls die Creme zu weich sein sollte, noch etwas Puderzucker hinzufügen.
7. Das Topping am besten mit einem Eisportionierer kuppelförmig auf die Küchlein setzen, dabei leicht andrücken. Die Cupcakes zum Schluss kopfüber behutsam in den Kokosraspeln wälzen und bis zum Servieren kühl stellen.

Biskuitrollen-Lollies

KUCHEN AM SPIESS

ZUTATEN

Für 15 Stück

Für den Teig
4 Eier
1 EL Zitronensaft
120 g Zucker
100 g Dinkelmehl
1 EL Speisestärke

Für die Füllung
200 g Sahne
200 g Zartbitterschokolade
50 g Butter

Außerdem
Zucker für das Backpapier
bunte Zuckerperlen
12 Eisstiele aus Holz

SO GEHT'S

1. Den Backofen auf 200 °C (Ober-/Unterhitze) vorheizen. Ein Backblech (ca. 20 x 30 cm) mit Backpapier belegen.
2. Die Eier trennen. Das Eiweiß mit dem Zitronensaft halbsteif schlagen, dann den Zucker einrieseln lassen und weiterschlagen, bis der Eischnee ganz fest ist.
3. Das Mehl mit der Speisestärke vermischen. Das Eigelb auf den Eischnee geben, die Mehlmischung daraufsieben und alles unterziehen. Die Biskuitmasse auf das Backblech geben, glatt streichen und im heißen Ofen (Mitte) 10–12 Minuten backen.
4. Inzwischen einen Bogen Backpapier bereitlegen und mit Zucker bestreuen. Die gebackene Biskuitplatte aus dem Ofen nehmen und sofort auf das Papier stürzen, das mitgebackene Backpapier mit kaltem Wasser bestreichen und vorsichtig vom Biskuitboden abziehen. Die Biskuitplatte mit dem unteren (gezuckerten) Backpapier sofort aufrollen und abkühlen lassen.
5. Für die Füllung die Sahne aufkochen lassen. Vom Herd nehmen. Die Schokolade hacken und in der heißen Sahne schmelzen. Butter in Stücke schneiden und unter die Schokoladensahne rühren, sodass sie ebenfalls schmilzt.
6. Die Schokocreme auskühlen lassen. Anschließend mit den Quirlen des Handrührgeräts cremig aufschlagen. Die ausgekühlte Biskuitrolle auseinanderrollen, Papier entfernen, mit zwei Dritteln der Creme bestreichen und wieder sehr eng aufrollen. Die Rolle in Frischhaltefolie wickeln und 3 Stunden kalt stellen.
7. Biskuitrolle auspacken. Die restliche Creme leicht erwärmen, die Rolle rundherum damit bestreichen und in den Zuckerperlen wälzen. In etwa 2 cm dicke Scheiben schneiden, auf Eisstiele stecken und reinbeißen.

Feiertage & Partys

Zitronentarteletts

DIE PROVENCE LÄSST GRÜSSEN

ZUTATEN

Für 8 Stück

Für den Teig
250 g Mehl
125 g kalte Butter
60 g Zucker
1 TL Thymianblättchen
1 Ei

Für die Füllung
3 Zitronen, davon 1 Bio
3 Eier
150 g Zucker
15 g Speisestärke
80 g Butter

Für die Baisers
2 Eiweiß
125 g Zucker

Außerdem
8 Tartelettförmchen, je Ø 8 cm
Butter und Mehl für die Förmchen
Mehl zum Arbeiten
getrocknete Hülsenfrüchte zum Blindbacken
Bunsenbrenner
ca. 16 Zweige Thymian zum Garnieren

SO GEHT'S

1. Für den Teig in das Mehl eine Mulde drücken. Die Butter in Stückchen am Rand verteilen. Zucker, Thymian und Ei in die Mulde geben. Alles zu einem glatten Teig verarbeiten. Diesen in Folie wickeln und ca. 30 Minuten in den Kühlschrank legen.
2. Den Backofen auf 200 °C (Ober-/Unterhitze) vorheizen. Förmchen ausbuttern und ausmehlen. Den Teig auf bemehlter Fläche ca. 3 mm dünn ausrollen und 12 cm große Kreise ausstechen. Die Förmchen damit auskleiden. Übrigen Teig zusammenkneten, erneut ausrollen und weitere Kreise ausschneiden, bis alle Förmchen mit Teig ausgekleidet sind.
3. Zurechtgeschnittene Backpapierkreise auf den Teig legen. Mit Hülsenfrüchten beschweren und die Teigböden im Ofen (Mitte) in ca. 15 Minuten hellbraun backen. Herausnehmen, Backpapier und Hülsenfrüchte entfernen; Tartelettböden auskühlen lassen.
4. Für die Füllung die Bio-Zitrone heiß waschen, abtrocknen und die Schale abreiben. Alle Zitronen auspressen. Die Eier in einer Schüssel verquirlen.
5. Zitronensaft mit Zucker und Stärke in einem Topf verrühren. Unter Rühren langsam erhitzen und einmal aufwallen lassen, dabei die Butter stückchenweise und die verquirlten Eier dazugeben. Alles unter Rühren bei schwacher Hitze dickcremig werden lassen (nicht kochen lassen, sonst flockt die Creme aus!). Die Creme unter gelegentlichem Rühren abkühlen lassen, dann in die Tarteletts füllen und glatt streichen.
6. Für die Baisers das Eiweiß sehr steif schlagen, dabei den Zucker einrieseln lassen. In einen Spritzbeutel mit runder Tülle füllen und in Tupfen auf die Tarteletts spritzen. Mit einem Bunsenbrenner abflämmen, mit Thymian garnieren und servieren.

Muffins mit Feta und Oliven

FÜR DEN PERFEKTEN GRIECHISCHEN ABEND

Pikant

ZUTATEN

Für 12 Stück

Für Muffins und Knoblauchjoghurt

1 rote Zwiebel
200 g Feta
100 g schwarze Oliven, entsteint
3 TL getrockneter Oregano
Paprikaflocken
250 g Mehl
1 TL Backpulver
1 TL getrockneter Thymian
½ TL frisch gemahlener Pfeffer
1 TL edelsüßes Paprikapulver
150 g Butter
3 Knoblauchzehen
1 TL Salz
500 g griechischer Joghurt
2 Eier

Außerdem

12er-Muffinblech
Butter und Semmelbrösel für das Blech

SO GEHT'S

1. Den Backofen auf 180 °C (Ober-/Unterhitze) vorheizen. Die Mulden des Muffinblechs mit Butter einfetten und mit Bröseln ausstreuen.
2. Die Zwiebel schälen und in feine Ringe schneiden oder hobeln. Den Feta klein würfeln. Die Oliven abtropfen lassen. Den Oregano mit 1 Prise Paprikaflocken vermischen; 1 TL von der Mischung für die Garnitur beiseitestellen.
3. In einer Schüssel das Mehl mit Backpulver, übriger Oreganomischung sowie Thymian, Pfeffer und Paprikapulver vermischen. Die Butter in einem kleinen Topf schmelzen lassen. Den Knoblauch schälen, zerdrücken und in einer zweiten Schüssel mit dem Salz unter den Joghurt rühren. 300 ml vom Knoblauchjoghurt in ein Servierschälchen füllen und beiseitestellen.
4. Die Eier unter den restlichen Knoblauchjoghurt schlagen, dabei die inzwischen abgekühlte flüssige Butter hinzufügen.
5. Die Mehlmischung zügig unter die Joghurtsoße rühren und dann die Oliven unter die Masse heben. Den Teig gleichmäßig in die Muffinmulden füllen; Zwiebelringe und Feta darauf verteilen.
6. Die Muffins im Ofen (Mitte) etwa 25 Minuten goldbraun backen. Herausnehmen und etwa 10 Minuten im Blech abkühlen lassen. Anschließend vorsichtig aus den Mulden lösen und auf einem Kuchengitter auskühlen lassen.
7. Den Knoblauchjoghurt in der Schale mit der beiseitegestellten Oreganomischung bestreuen. Die Muffins mit Pfeffer übermahlen und servieren.

Donuts mit Kürbisfüllung

ES MUSS NICHT IMMER PUMPKIN PIE SEIN

ZUTATEN

Für ca. 12 Stück

Für den Teig
450 g Mehl
60 g Zucker
1 TL Salz
2 Eier
200 ml lauwarme Milch
½ Würfel Hefe, 21 g
80 g weiche Butter

Für die Füllung
150 g Kürbisfruchtfleisch
3–4 EL Apfelsaft
40 g Zucker
½ TL geriebener Ingwer
1 Prise Zimt

Für die Glasur
125 g Puderzucker
1–2 TL Orangensaft
Lebensmittelfarbe in Orange
50 g Kürbiskerne, grob gehackt

Außerdem
Kreisausstecher
Pflanzenöl zum Frittieren
Fritteuse

SO GEHT'S

1. Für den Teig das Mehl in einer Schüssel mit dem Zucker und dem Salz vermischen. Eine Mulde in die Mitte drücken. Eier, Milch, Hefe sowie die Butter in Stückchen hineingeben.
2. Alle Zutaten mit den Knethaken des Handrührgeräts gründlich verkneten, bis ein weicher Teig entstanden ist, der sich vom Schüsselrand löst. Nun den Teig zugedeckt an einem warmen Ort ungefähr 1 Stunde gehen lassen.
3. Inzwischen für die Füllung das Kürbisfruchtfleisch klein würfeln und mit Apfelsaft, Zucker, Ingwer und Zimt in einen Topf geben. Den Kürbis in 10–15 Minuten weich köcheln lassen. Anschließend mit dem Stabmixer pürieren und die Masse erkalten lassen.
4. Den Teig in zwölf gleich große Stücke schneiden. Diese in ca. 1,5 cm dicke und 8 cm große Kreise ausrollen. Mit einem Küchentuch abdecken und ca. 30 Minuten ruhen lassen. Anschließend in jeden Teigkreis mittig ein kleines Loch von ca. 2 cm ausstechen.
5. Das Fett in der Fritteuse auf 150 °C erhitzen und die Donuts darin portionsweise etwa 2 Minuten je Seite ausbacken. Danach herausheben und auf Küchenpapier abtropfen lassen.
6. Das Kürbismus in einen Spritzbeutel mit kleiner Lochtülle füllen und an mehreren Stellen rundherum in die Donuts spritzen.
7. Für die Glasur den Puderzucker mit dem Orangensaft zu einem Guss verrühren. Mit Lebensmittelfarbe leuchtend orange einfärben. Die Donuts mit der Glasur bestreichen, mit den Kürbiskernen bestreuen und die Glasur fest werden lassen.

Halbgefrorene Cheesecake-Zylinder

BEERIGER DREIKLANG

ZUTATEN

Für 8 Stück

Für die Cheesecake-Creme
150 g Heidelbeeren
150 g Himbeeren
3 Eigelb
80 g Zucker
400 g Doppelrahmfrischkäse
200 g kalte Sahne

Außerdem
8 Schillerlockenformen
8 Vollkornkekse
Heidelbeeren zum Garnieren

Enies Tipp

Schillerlockenformen basteln statt kaufen: Einen 24 cm großen Kreis aus Pappe vierteln, jedes Viertel fest in Alufolie einschlagen, zu einer Tüte formen, die offenen Seiten zusammentackern.

SO GEHT'S

1. Die Beeren waschen. Zuerst die Heidelbeeren, dann die Himbeeren getrennt voneinander im Mixer pürieren. Das Eigelb mit dem Zucker ungefähr 5 Minuten hellschaumig aufschlagen, dann den Frischkäse unterrühren. Die Sahne steif schlagen und unter die Frischkäsecreme heben.
2. Die Cheesecake-Creme in drei gleich große Portionen teilen. Zwei Portionen mit je einem Beerenpüree verrühren. Es ergeben sich also nun eine weiße, eine hellere und eine dunklere rosafarbene Creme.
3. Die drei Cremes in die Schillerlockenformen schichten: Zuerst die weiße, dann die hellere und zum Schluss die dunklere. Die obere Creme mit Frischhaltefolie abdecken und die Zylinderformen für etwa 2 Stunden ins Gefrierfach legen.
4. Zum Servieren die Formen kurz in heißes Wasser tauchen, die Eisparfaits auf Vollkornkekse stürzen und leicht andrücken. Mit Heidelbeeren garnieren und sofort servieren.

Festliche Pavlova

TRAUM AUS BAISER MIT VIEL SAHNE UND FRÜCHTEN

ZUTATEN

Für 1 Torte bzw. 8 Stück

Für die Baisermasse
6 Eiweiß
1 EL Zitronensaft
300 g Puderzucker
1 EL Speisestärke

Für die Füllung und Garnitur
200 g Himbeeren
100 g Physalis
100 g Rote Johannisbeeren
400 g Sahne
2 Päckchen Sahnesteif
2 EL Vanillezucker

Außerdem
Puderzucker zum Bestäuben
Wunderkerzen, nach Belieben

SO GEHT'S

1. Den Backofen auf 180 °C (Umluft) vorheizen. Zwei Backbleche mit Backpapier auslegen.
2. Für die Baisermasse das Eiweiß mit dem Zitronensaft zuerst halbsteif schlagen. Weiterschlagen, dabei nach und nach den Puderzucker mit der Stärke einrieseln lassen, bis die Masse sehr dick und glänzend ist. Beim Herausziehen der Schneebesen sollen Spitzen stehenbleiben.
3. Die Masse dritteln und jede Portion auf den beiden Backblechen zu 20 cm großen Kreisen verstreichen (auf einem Backblech sind zwei Kreise). Im vorgeheizten Ofen 20–25 Minuten backen, bis die Baiserböden knusprig und leicht goldgelb sind. Anschließend aus dem Ofen nehmen und auf den beiden Backblechen auskühlen lassen.
4. Für Füllung und Garnitur die Himbeeren verlesen. Die Physalis aus der Blatthülle lösen. Die Johannisbeeren verlesen, abbrausen, von den Stielen zupfen und trocken tupfen.
5. Die Sahne mit dem Sahnesteif und dem Vanillezucker steif schlagen. Jeden Baiserboden mit etwas Schlagsahne bestreichen und mit Früchten belegen, anschließend die drei Böden zu einer Torte zusammensetzen. Mit Puderzucker bestäuben und nach Belieben Wunderkerzen für den Wow-Effekt reinstecken. Anzünden und sofort servieren.

Fastelavnsboller

ROSENMONTAG IN DÄNEMARK

ZUTATEN

Für ca. 16 Stück

Für den Teig
100 g Butter
ca. 200 ml lauwarme Milch
1 Würfel Hefe, 42 g
1 Ei
60 g feiner brauner Zucker
½ TL Salz
1 Banane
50 g Weizenmehl (Type 550)
250 g Weizenvollkornmehl

Für die Glasur
100 g Puderzucker
2–3 TL Zitronensaft
bunte Zuckerperlen

Für die Füllung
1 Apfel
1–2 TL Zitronensaft
200 g Magerquark
2 EL Zucker
200 g Sahne

Außerdem
Butter und Mehl für das Blech
Mehl zum Arbeiten

SO GEHT'S

1. Die Butter in der Milch schmelzen lassen. Hefe dazubröckeln und unter Rühren auflösen. In eine große Schüssel umfüllen, das Ei hineinquirlen. Zucker und Salz einrühren.
2. Die Banane schälen, mit einer Gabel fein zerdrücken und unter die Hefemilch rühren. Die beiden Mehle dazugeben und mit den Knethaken des Handrührgeräts unterrühren, bis ein zäher, klebriger Teig entstanden ist. Falls er zu fest ist, noch etwas Milch unterrühren, falls er zu flüssig ist, noch etwas Mehl dazugeben. Zugedeckt über Nacht in den Kühlschrank stellen.
3. Den Teig 1 Stunde vor der Weiterverarbeitung aus dem Kühlschrank nehmen. Zwei Backbleche mit Butter einfetten und mit Mehl bestäuben. Teig auf einer bemehlten Arbeitsfläche gut durchkneten. Zu einem Strang rollen und in 16 gleich große Stücke teilen. Diese zu Kugeln formen, auf die Bleche setzen und leicht flach drücken. Mit einem Küchentuch bedecken und 45 Minuten ruhen lassen.
4. Währenddessen den Backofen auf 220 °C (Umluft) vorheizen. Die Bleche in den Ofen schieben und die Boller 12–15 Minuten goldbraun backen. Erst kurz auf den Blechen, dann auf einem Kuchengitter erkalten lassen. Waagrecht halbieren.
5. Für die Glasur den Puderzucker sieben und mit dem Zitronensaft zu einem Guss verrühren. Jeden Fastelavnsboller auf der Oberseite mit etwas Guss bestreichen. Mit Zuckerperlen bestreuen und fest werden lassen.
6. Für die Füllung den Apfel waschen, vierteln, entkernen, raspeln und mit Zitronensaft vermengen. Quark mit Zucker und 2 EL Sahne cremig rühren. Apfelraspel untermischen. Übrige Sahne steif schlagen und unterheben. Die Apfelcreme auf die Unterseiten der Boller verteilen, Oberseiten auflegen und servieren.

Schokoladen-Holunder-Muffins

HERBSTGENUSS PUR

ZUTATEN

Für 12 Stück

Für den Teig

250 g Dolden mit reifen Holunderbeeren
120 ml Apfelsaft
100 g Zartbitterkuvertüre
100 g Butter
1 Ei
100 g saure Sahne
100 g Zucker
250 g Mehl
2 TL Speisestärke
1 TL Backpulver
2 EL Kakaopulver
1 Prise Salz

Außerdem

12er-Muffinblech
12 Papierförmchen
Kakaopulver zum Bestäuben

SO GEHT'S

1. Die Holunderdolden abbrausen, abtropfen lassen und die Beeren von den Dolden streifen. Das funktioniert gut mit den Zinken einer Gabel.
2. Holunderbeeren mit dem Apfelsaft in einem Topf zugedeckt aufkochen und etwa 2 Minuten kochen lassen. Vom Herd nehmen und offen auskühlen lassen. In ein Sieb gießen und gut abtropfen lassen, den Saft dabei auffangen. Die Beeren und den Saft beiseitestellen.
3. Den Backofen auf 180 °C (Ober-/Unterhitze) vorheizen. Das Muffinblech mit den Papierförmchen auskleiden. Die Schokolade hacken. Butter und Schokolade zusammen in einem kleinen Topf unter Rühren erhitzen und schmelzen lassen. Vom Herd nehmen und abkühlen lassen.
4. In einer Schüssel das Ei mit der sauren Sahne, dem Zucker und etwa 120 ml vom aufgefangenen Holunderbeer-Apfelsaft cremig schlagen. Mehl, Speisestärke, Backpulver, Kakaopulver und Salz in einer zweiten Schüssel vermischen.
5. Die Milchmischung und die Schokobutter unter die Mehlmischung rühren (nicht zu kräftig!), bis eine homogene Masse entstanden ist. Nach Bedarf noch etwas Saft hinzufügen. Die abgetropften Beeren unter die Masse ziehen.
6. Die Masse auf die Förmchen verteilen und im vorgeheizten Ofen 20–25 Minuten backen. Anschließend die Muffins kurz abkühlen lassen, aus dem Blech nehmen und vollständig auskühlen lassen. Mit Kakao bestäuben und servieren.

Ricottatorte mit Rosmarinhonig

ERFRISCHENDE KÄSESAHNETORTE AUS ITALIEN

ZUTATEN

Für 8–12 Stück

Für den Krümelboden
250 g Pumpernickel
2 EL Zucker
120 g Butter

Für die Ricottacreme
8 Blatt Gelatine
750 g Ricotta
abgeriebene Schale von 1 Bio-Zitrone
100 g Rosmarinhonig
2 TL Vanillezucker
4 cl Zitronenlikör (z. B. Limoncello)
400 g Sahne

Außerdem
1 Springform, Ø 24 cm
Johannisbeerrispen, Puderzucker und Rosmarin für die Garnitur

SO GEHT'S

1. Den Boden der Springform mit Backpapier belegen. Für den Tortenboden den Pumpernickel in Stückchen brechen und im Multizerkleinerer krümelig zerkleinern. Alternativ kann man das Brot auch mit einem schweren Messer fein hacken.
2. Die Pumpernickelbrösel mit dem Zucker in eine heiße Pfanne geben und bei mittlerer Hitze unter Rühren leicht karamellisieren lassen. Vom Herd nehmen, die Butter dazugeben und untermischen, bis die Butter geschmolzen ist.
3. Die Bröselmischung auf dem Formboden gleichmäßig verteilen und andrücken. Den Krümelboden mit Frischhaltefolie bedecken und im Kühlschrank fest werden lassen.
4. Für die Ricottacreme die Gelatine in kaltem Wasser einweichen. Den Ricotta abtropfen lassen, anschließend mit der Zitronenschale, dem Honig (nach Bedarf leicht erwärmen) und dem Vanillezucker cremig rühren.
5. Den Likör erwärmen, die Gelatine ausdrücken und im Likör auflösen. 3–4 EL der Ricottacreme einrühren, dann die Geliermischung unter die restliche Creme geben. Die Sahne steif schlagen und unter die Ricottacreme ziehen. Die fertige Creme auf dem Pumpernickelboden verstreichen und mindestens 4 Stunden im Kühlschrank fest werden lassen.
6. Die gekühlte Torte aus der Form lösen und auf eine Tortenplatte setzen. Für die Garnitur Johannisbeerrispen abbrausen, leicht trocken tupfen und mit Puderzucker bestäuben. Die Torte mit den gezuckerten Johannisbeerrispen und Rosmarin verzieren.

Lychee-Cupcakes

MIT SAHNE-FROSTING UND BAISER

ZUTATEN

Für 12 Stück

Für den Teig

12 Lychees
175 g weiche Butter
150 g Zucker
4 Eier
Saft und abgeriebene Schale von 1 Bio-Limette
175 g Mehl
40 g gemahlene Mandeln, ungeschält
½ TL Backpulver

Für das Frosting

400 g Sahne
2 EL Puderzucker

Außerdem

12er-Muffinblech
Öl und Mehl für das Blech
1 Handvoll Baisertupfen

SO GEHT'S

1. Den Backofen auf 180 °C (Ober-/Unterhitze) vorheizen. Die Mulden des Muffinblechs sorgfältig mit Öl einfetten und mit Mehl bestäuben.
2. Die Lychees schälen und entkernen. Butter mit Zucker schaumig schlagen, Eier mit Limettensaft und -schale hinzufügen und alles verquirlen. Mehl mit Mandeln und Backpulver vermischen und diese Mischung unter die Eier-Butter-Masse rühren.
3. Etwa ein Drittel des Teigs auf die Mulden verteilen. Auf die Mitte jeweils eine Lychee setzen und diese mit dem übrigen Teig bedecken. Die Küchlein im vorgeheizten Ofen etwa 25 Minuten goldbraun backen. Aus dem Ofen nehmen, leicht abkühlen lassen, aus dem Blech nehmen und auf einem Kuchengitter auskühlen lassen.
4. Für das Frosting die Sahne mit dem Puderzucker steif schlagen. In einen Spritzbeutel mit gezackter Tülle füllen und auf die Küchlein spritzen. Die Baisers grob zerbröseln und das Frosting damit bestreuen oder die ganzen Baisers daraufsetzen.

Enies Tipp

Ersetze die Lychees durch eine andere Frucht bzw. ein Stück Frucht. Von Apfel bis Zwetschge geht eigentlich alles.

Rote-Bete-Cheesecakes

RAFFINIERTE VOPRSPEISE

Pikant

ZUTATEN

Für 4 Stück

Für die Cheesecakes

300 g gegarte Rote Bete, vakuumverpackt
1 TL geriebener frischer Ingwer
4–5 EL Orangensaft
2 EL Rotweinessig
Salz
weißer Pfeffer
Kümmel, gemahlen
2 TL Meerrettich aus dem Glas
6 Blatt Gelatine
150 g Sahne
4 Scheiben Pumpernickel
100 g Quark, 20 % Fett

Für die Garnitur

2 kleine rohe Rote Bete
1 Limette
je 1 Prise Zucker und Salz
4 Scheiben Räucherlachs
Shiso-Kresse

Außerdem

4 Dessertringe, je Ø 10 cm

SO GEHT'S

1. Rote Bete klein würfeln und mit Ingwer, Orangensaft und Essig in einen Topf geben. Aufkochen und 5 Minuten zugedeckt köcheln lassen. Anschließend die Mischung fein pürieren. Mit etwas Salz, Pfeffer, 1 Prise Kümmel und dem Meerrettich würzen und abschmecken. In einer Schüssel auskühlen lassen.
2. Gelatine ca. 10 Minuten in kaltem Wasser einweichen. Sahne steif schlagen.
3. Mit den Dessertringen aus jeder Scheibe Pumpernickel einen Kreis ausstechen. Brotkreise auf einen großen Teller mit Backpapier legen, die Ringe auf die Brote setzen.
4. 2–3 EL Rote-Bete-Püree in einem Topf erwärmen. Die Gelatine gut ausdrücken und darin auflösen. Unter Rühren (mit dem Handrührgerät) zum restlichen Püree geben. Quark unterrühren und Schlagsahne unterheben. Rote-Bete-Creme abschmecken, dann auf die Pumpernickelkreise in die Ringe füllen. Mindestens 4 Stunden kühl stellen.
5. Für die Garnitur die Rote Bete schälen und in dünne Scheiben schneiden. Limette halbieren und eine Hälfte auspressen. Limettensaft mit Zucker, Salz und 2–3 EL Wasser in einen Topf geben. Die Rote-Bete-Scheiben hinzufügen und im geschlossenen Topf in 5–10 Minuten bissfest dünsten. Offen auskühlen, dann abtropfen lassen.
6. Mit einem Messer am inneren Rand der Dessertringe entlangfahren, um die Cheesecakes davon zu lösen. Ringe abziehen. Cakes mit Rote-Bete-Scheiben, Lachs und Kresse garnieren. Übrige Limettenhälfte in Spalten schneiden und dazu anrichten.

SW
&E

E
T
S
Y

Ein kleines 1x1 der Zutaten

MEHL

Ohne Mehl kein Kuchen. Zugegeben, das gilt nicht immer, es ist aber dennoch wichtiger Bestandteil von Kuchen, Plätzchen und Co. Es gibt dabei viele verschiedene Mehltypen. Am häufigsten wird „Weizenmehl Type 405" verwendet. Die Typenzahl gibt den Mineralstoffgehalt in mg pro 100 g Mehl an und ist davon abhängig, wie stark das Korn oder Getreide gemahlen wurde. Je höher die Zahl, desto gesünder ist es, aber auch trockener. Die Typenzahlen helfen, ein Mehl durch ein anderes zu tauschen. Weizenmehl 405 kann z. B. 1:1 durch Dinkelmehl 630 ersetzt werden, ohne die Flüssigkeit anpassen zu müssen.

EIER

Welches ist neben der Herkunft das wichtigste Qualitätsmerkmal von Eiern? Richtig, das Alter. Zwar sind sie bis zu 28 Tage nach dem Legen noch gut zu verzehren, für Kuchen oder Torten, insbesondere für solche, die nicht oder nur kurz gebacken werden, solltest du aber lieber zu frischen Eiern greifen. So gehst du sicher, dass der Eischnee auf jeden Fall fest wird und du auch am dritten Tag nach dem Backen noch ohne Bauchschmerzen vom Kuchen naschen kannst. Falls du mal nicht sicher sein solltest, ob das Ei noch gut ist, mach den Schwimmtest: Liegt das Ei quer im Wasser, ist es genießbar, richtet es sich auf oder schwimmt oben, weg damit.

OBST

Immer wieder hört und liest man, dass man regionales und saisonales Obst verwenden sollte. Manchmal hat man aber schon im März Lust auf einen Erdbeerkuchen oder möchte im Herbst noch feinen Rhabarber verarbeiten. Hier musst du nicht auf eingeflogenes Obst zurückgreifen. Kaufe in der Hauptsaison einfach etwas mehr deiner Lieblingsfrüchtchen und friere sie in kleineren Portionen (z.B. 100 g) ein. Sortiere vorher überreife Früchte aus und entferne großzügig alle Druckstellen. Um den Vitamingehalt länger aufrechtzuerhalten, kannst du auch noch etwas Zucker hinzugeben. Außer Bananen, Wassermelonen, grünen Trauben und manchen Steinobst-Früchten lassen sich fast alle Obstsorten gut einfrieren und sind ungezuckert etwa 8–10 Monate haltbar.

SCHOKOLADE

Für viele Schleckermäulchen das A und O eines guten Kuchennachmittags! Zum Backen und Verzieren eignet sich Kuvertüre besonders gut. Sie ist in Geschmack und Zusammensetzung reiner als Tafelschokolade. Ein optisch schönes dunkles, schokoladiges Ergebnis, wie z. B. für die Kirsch-Whoopies, erreichst du übrigens am einfachsten mit reinem Backkakao. Achtung! Trinkschokolade eignet sich nicht als Ersatz.

Register

Noch mehr tolle Bücher

HANDMADE MIT ENIE –
DAS GROSSE KREATIVBUCH

21 x 26 cm, 160 Seiten
ISBN 978-3-86355-410-1
€ 19,99 (D), € 20,60 (A)

HANDMADE MIT ENIE –
KREATIVKISTE MIT FARBE

ISBN 978-3-86355-409-5
€ 16,99 (D), € 17,50 (A)

HANDMADE MIT ENIE –
KREATIVKISTE MIT BETON

ISBN 978-3-86355-411-8
€ 16,99 (D), € 17,50 (A)

MEINE KREATIVE KEKSWERKSTATT

Mehr als 40 Rezepte zum Backen und Verzieren – Inklusive Vorlagen für Keksausstecher

20 x 23,5 cm, 96 Seiten
ISBN 978-3-86355-388-3
€ 14,99 (D), € 15,50 (A)

MEINE KREATIVE WEIHNACHTSBÄCKEREI

Backen – vom Plätzchen bis zur Wintertorte

20 x 23,5 cm, 96 Seiten
ISBN 978-3-86355-587-0
€ 14,99 (D), € 15,50 (A)

MEINE KREATIVE TORTENWERKSTATT

Mehr als 25 Rezepte zum Backen und Verzieren

20 x 23,5 cm, 96 Seiten
ISBN 978-3-86355-497-2
€ 14,99 (D), € 15,50 (A)

SKANDINAVISCH BACKEN

100 Rezepte – süß und herzhaft

20 x 23,5 cm, 288 Seiten
ISBN 978-3-86355-331-9
€ 29,99 (D), € 30,90 (A)

Impressum

Bibliografische Information der Deutschen Bibliothek.

Die Deutsche Bibliothek verzeichnet diese Publikation in der deutschen Nationalbibliografie.

Detaillierte bibliografische Daten sind im Internet über http://www.d-nb.de/ abrufbar.

EIN BUCH DER EDITION MICHAEL FISCHER

2. Auflage 2016

Covergestaltung: Rebecca Leiner
Produktmanagement: Saskia Wedhorn
Lektorat: Cornelia Klaeger, München
Layout und Satz: Rebecca Leiner

ISBN 978-3-86355-610-5

Printed in Slovakia

www.emf-verlag.de

Bildnachweis:
Cover: © sixx/Claudius Pflug
S. 2–8, 32, 48, 66, 88–91 sowie Tipp-Foto und Umschlag-Rückseite: © sixx/Marc Rehbeck
S. 11, 27, 29: © StockFood / Brachat, Oliver
S. 13: © StockFood / Gräfe & Unzer Verlag / Schütz, Anke
S. 15: © StockFood / Gallai, Beatrix
S. 17: © StockFood / Brinkop, Maria
S. 19, 73: © StockFood / Eising Studio - Food Photo & Video
S. 21: © StockFood / Parissi, Lucy
S. 23, 53, 55, 87: © StockFood / Great Stock!
S. 25, 47: © StockFood / Laniak, Malgorzata
S. 31: © Edition Michael Fischer/Sabrina Sue Daniels
S. 35: © StockFood / Leoni, Ira
S. 37: © StockFood / Riou, Jean-Christophe
S. 39: © StockFood / Csigó, Zita
S. 41: © StockFood / Gräfe & Unzer Verlag / Kramp + Gölling
S. 43, Umschlag-Rückseite: © StockFood /Westermann, Jan-Peter
S. 45: © StockFood /Kompatscher, Anneliese
S. 51, Umschlag-Rückseite: © StockFood / Smend, Maja
S. 57: © StockFood / Hendey, Magdalena
S. 59: © StockFood / Del Re, Alice
S. 61: © StockFood /PhotoCuisine
S. 63: © StockFood / Avalos Flores, Maricruz
S. 65: © StockFood / PhotoCuisine / Syl d AB
S. 69: © StockFood / Takacs, Aniko
S. 71: © StockFood / Castilho, Rua
S. 75, Umschlag-Rückseite: © StockFood / Gräfe & Unzer Verlag / Patrikiou, Elissavet
S. 77: © StockFood / Radius Images
S. 79: © StockFood / Adsbol, Mikkel
S. 81: © StockFood / Schindler, Martina
S. 83: © StockFood / Gräfe & Unzer Verlag / mona binner PHOTOGRAPHIE
S. 85: © StockFood / Atelier Hämmerle